AF298110

PLUS DE PATRONS !

ASSOCIATION

DES

OUVRIERS CORDONNIERS-BOTTIERS

DE TOUTE LA FRANCE

SOUS LE CONCOURS

DU GOUVERNEMENT

Par le citoyen Jules LION, cordonnier-bottier,

auteur du *Projet de l'Atelier Modèle*.

PRIX : 10 C.

PARIS.

CHEZ L'AUTEUR,

7, rue Aubry-le-Boucher.

CHEZ L'ÉDITEUR, JULIEN CAHEN, IMP.-LITH.,

12, rue Sainte-Avoye.

Et chez tous les Libraires.

1848

Frères,

C'est au moment où une question pour nous pleine d'intérêt dont le sort doit se débattre, que nous devons nous rallier, que nous devons offrir à nos représentants nos besoins, nos vœux et le moyen le plus efficace pour venir en aide à nos misères. Ouvrier moi-même, j'ai consacré à ce travail ma seule fortune, notre fortune à tous, le temps, heureux si je puis contribuer à nous assurer un avenir meilleur, fier si je puis éteindre la honteuse spéculation qui nous étreint si fatalement. Mais réfléchissons, écartons-nous de toute utopie, ne nous engageons pas dans une route toute de déceptions, demandons un bien-être proportionné à nos labeurs, et la justice, l'équité de notre demande, deviendra un bonheur pour le pouvoir qui nous la concédera.

ASSOCIATION.

Le but de l'association doit, dès son application, offrir dans son ensemble les moyens d'offrir un soulagement marqué à notre position, il doit assurer à tous ses membres un travail continu et détruire toute morte saison, fléau de l'ouvrier. La question tranchante subsiste toute dans le nombre. Le moyen le plus efficace est d'offrir un ensemble général, mais de diviser pas fractions de 1,000 tous les ouvriers de la corporation; cette division facilitera toutes opérations, et le réglement général assurera la réussite de l'association. Voici, par fraction de 1,000 ouvriers, l'aperçu du régime de l'association :

TITRE Ier.

De l'Administration.

ART. 1er du titre 1er. Il sera ouvert un siége d'administration dirigé par un directeur salarié.

ART. 2. Le siége de l'administration comprendra l'atelier des coupeurs et le magasin aux cuirs.

Art. 3. Toute opération faite au nom de l'association sera immédiatement portée dans des registres spéciaux.

Art. 4. Tous les registres seront ouverts à toute réclamation des associés.

Art. 5. Les achats seront faits soit par l'Etat dont nous deviendrons débiteurs, soit sous la raison sociale des ouvriers cordonniers bottiers.

TITRE II.

Du Travail.

Art. 1er. L'association fera confectionner ses produits par le nombre limité de 1,000 ouvriers, nombre de chaque fraction.

Art. 2. Le tarif des façons sera débattu, et devra offrir, selon les capacités de chacun, un bienêtre assuré à tout associé.

Art. 3. Les bénéfices seront répartis après la première année et trimestriellement, d'après le visa des comptes généraux.

Art. 4. Le siége de l'établissement sera placé au centre des 1,000 associés, pour faciliter le rapport de l'ouvrage et éviter les pertes de temps.

Art. 5. Chaque façon sera payée sur la présentation du bulletin de commande.

Art. 6. Les femmes des associés seront seules chargées du joignage, du bordage et du piquage des produits.

TITRE III.

Placement des Marchandises.

Art. 1er. L'association établira, pour le placement de ses produits, cinq magasins dans Paris, toujours par fraction.

Art. 2. L'association étendra ses magasins en province, sous la régie de son institution.

Art. 3. Les magasins porteront le titre de *Magasin de chaussures de l'association.*

Art. 4. Les prix fixés d'après le coût et la façon, seront invariables et tarifés dans chaque magasin.

Art. 5. Les magasins seront desservis par un associé marié.

Art. 6. L'employé des magasins devra prendre des mesures et recevoir toutes les commandes ; il devra savoir tenir des comptes ; il sera chargé des petites réparations aux chaussures sans en tirer aucun salaire.

TITRE IV.

Dispositions générales.

Art. 1er. Les employés salariés par l'association n'auront aucun droit aux bénéfices de la dite association.

Art. 2. Un conseil honoraire composé de vingt membres contrôlera les opérations de l'association.

Art. 3. Le conseil sera élu en assemblée générale de mille associés,

Art. 4. Le directeur-gérant et le président du conseil des vingt membres seront les caissiers de l'association.

Art. 5. Il sera imprimé tous les trois mois un compte rendu des opérations de la fraction des mille associés, et tous les six mois un compte-rendu général.

Art. 6. Tous les employés salariés seront soumis à des contrats spéciaux. Ils devront déposer un cautionnement.

Art. 7. Toute reddition de compte sera faite en assemblée générale.

Art. 8. Tous les membres de l'association indistinctement pourront assister aux assemblées générales des fractions des mille.

Art. 8. Les directeurs-gérants compulseront leurs états de comptes et établiront les dividendes.

Art. 10. Les conseils de chaque fractions se réuniront toutes les fins de mois pour contrôler et vérifier les opérations.

Art. 11. Ils porteront à la connaissance des associés toutes les questions offrant de l'intérêt.

Art. 12. Ils pourront convoquer d'urgence une assemblée générale.

Art. 13. Ils passeront tous les actes au nom de l'association.

Art. 14. Les conseils seront composés d'un président, deux vice-présidents, un garde-des-sceaux, un archiviste, deux censeurs, quatre inspecteurs et huit vérificateurs de comptes.

Art. 15. Toutes discussions qui pourront survenir seront soumises aux conseils qui seront déclarés arbitres.

TITRE V.

Des Attributions.

Art. 1er. Le directeur-gérant est chargé de toutes les comptabilités ; il paie les ouvriers, les employés, fait les encaisses, les acquisitions, contrôle les coupeurs, surveille la marche de l'association. Il devra occuper le siége de l'administration.

Art. 2. Le président du conseil est caissier adjoint au directeur; un fonds roulant est à la disposition des besoins des associés; mais la caisse centrale, garnie de deux serrures, ne pourra être ouverte que par les deux caissiers; il préside les assemblées mensuelles, pose les questions, accorde ou retire la parole selon les discussions engagées.

Art. 3. Les vice-présidents fonctionnent en l'absence du président, en son lieu et place.

Art. 4. Le garde-des-sceaux est dépositaire de la marque de l'association; il ne l'apposera qu'après entier examen du conseil.

Art. 5. Le garde archives, dans un registre spécial, inscrit par numéro d'ordre toutes les pièces, actes, mémoires concernant l'association.

Art. 6. Les censeurs ont la police des assemblées.

Art. 7. Les inspecteurs, nommés à tour de rôle, surveilleront les magasins de l'association; ils feront les rapports sur les employés des magasins, sur la tenue et l'état où ils les auront trouvés.

Art. 8. Les vérificateurs n'apposeront leurs signatures au bas de tout compte qu'après examen.

TITRE VI.

Des Employés.

Art. 1er. Les employés aux magasins seront chargés du débit des marchandises, de l'entretien des boutiques, de leur ouverture et fermeture, de l'enregistrement des marchandises reçues et vendues. Ils en seront responsables.

Les frais matériels de boutique seront portés sur leur registre, et remboursés par la caisse de l'association.

ART. 2. Le receveur se transportera, chaque matin, chez les magasiniers pour toucher les recettes. Ils délivrera un reçu détaché d'un registre à souche. Il devra veiller à ce que les magasins soient suffisamment garnis.

ART. 3. Deux hommes de peine seront chargés de tous les besoins de l'association, des courses, du maintien des ateliers de coupeurs. Ils seront chargés d'un registre par le directeur pour l'inscription, par le boutiquier, des marchandises reçues.

ART. 4. Deux employés seront chargés de recevoir et distribuer l'ouvrage. Ils délivreront les bulletins de commande selon le livre du gérant : ils feront passés à la caisse. Ils devront connaître la partie d'homme et de femme.

Apperçus des Frais annuels.

Siége de l'association, ateliers de coupeurs, etc., location	2,000
Cinq magasins de 1,000 à 1,500 fr. . .	6,000
Eclairage, chauffage.	1,500
Impositions et patentes	1,000
Frais de bureau, d'impressions. . . .	1,000
	11,500

Report. . . . 11,500

Clouterie, cirage, poudre, frais divers. . 1,500
Directeur-gérant 2,000
Un commis aux écritures 800
Six coupeurs, à 1,800 fr. 10,800
Cinq boutiquiers, à 1,000 fr. . . . 5,000
Deux employés à l'ouvrage, à 1,200 fr. 2,400
Deux hommes de peine, à 1000 fr. . 2,000
Un receveur-caissier 1,200
Registres et fournitures. 300

Total. . . . 37,500

Nombre des employés, 18.

Les employés seront nommés en assemblée générale. Un registre destiné à cet effet recevra les noms des postulants.

Les postulants devront faire preuve de capacité.

PRIX DE REVIENT.			PRIX DE VENTE.	
	fr.	c.		fr.
Bottes vernies. . .	«	«	Bottes vernies. . .	22
Bottes noires . . .	«	«	Bottes noires . . .	16
Remontage verni.	«	«	Remontage verni.	16
Remontage noir..	«	«	Remontage noir..	12
Souliers vernis . .	«	«	Souliers vernis. .	12
Souliers noirs. . .	«	«	Souliers noirs . .	8
Bottines vernies..	«	«	Bottines vernies..	8, 9, 10
Bottines noires . .	«	«	Bottines noires. .	7, 8, 9
Souliers doubles..	«	«	Souliers doubles.	4, 4,50, 5
Escarpins.	«	«	Escarpins	3, 3,50, 4
Chaussures de fantaisie.	«	«	Chaussures de fantaisie.	»

Tous les prix de revient, suivant le cours de la halle aux cuirs, ne peuvent être fixés invariablement. Un registre des marchandises premières en justifiera les prix.

FAÇONS.

Bottes vernies. . .	«	«	Remontage noir. .	«	«
Remontage verni.	«	«	Souliers noirs. . .	«	«
Souliers vernis. .	«	«	Bottines noires . .	«	«
Bottines vernies..	«	«	Escarpins.	«	«
Souliers doubles..	«	«	D'enfants	«	«
Fantaisie	«	«	Chaussons.	«	«
Bottes noires . . .	«	«			

Le tarif devant être proportionné aux besoins de la famille, nous l'établissons approximativement, selon les capacités de chaque ouvrier.

Ainsi, un bottier pour vernis fera bien, avec le concours de sa femme s'il est marié, d'une joigneuse s'il ne l'est pas ou si sa femme ne peut le seconder, 280 paires de bottes en son année, qui, à 7 fr. de façon, lui présenteront 1,960 fr. par an de salaire, sans son bénéfice d'association fixé plus bas.

Un bottier pour bottes noires fera bien, toujours par le même moyen, 300 paires de bottes, à 6 fr., qui lui présenteront 1,800 fr., sans son bénéfice d'associé.

Et ainsi de suite pour chaque ouvrier, à qui on facilitera au moins 1,500 fr. pour son année, en détruisant toute morte saison, et qui jouira, en outre, du bénéfice de l'association, dont nous allons tâcher d'établir un dividende.

Si 200 bottiers pour vernis font chacun 276 paires, nous aurons 55,200 paires.

200 bottiers feront chacun 300 paires de bottes noires ou de remontage, nous aurons 60,000 paires.

200 ouvriers d'homme feront chacun 350 paires, nous aurons 70,000 paires.

200 bottiniers feront chacun près de 400 paires, nous aurons 80,000 paires.

200 ouvriers de femme feront 100,000 paires de chaussures différentes.

Ce qui fait 360,200 paires de chaussures, confectionnées par mille ouvrier, présentant un total de vente de

55,200 paires de bottes vernies à 22 fr. 1,214,400
60,000 « « noires à 16. 960,000
70,000 « souliers vernis et autres.
35,000 paires de chaque à 8 et 12 fr.
   « terme moyen 10 fr. 700,000
80,000 paires de bottines de 7 à 10 fr.
   terme moyen. 8 fr. 50. 680,000
100,000 « souliers, fantaisie de 3 fr. à 6 fr.
   moyenne 4 fr. 50. 450,000

   total de la vente 4,004,400

à 15 de p. 100 bénéfice seulement. 600,660

à déduire les frais annuels. 37,500

   reste 563,160

à partager sur 1000 têtes; fait 563 fr. 16 c. par homme. Bénéfice magnifique, si l'on comprend que la morte saison n'existera plus, puisque 30,000 ouvriers cordonniers ne peuvent faire que 10,806,000 paires dé chaussures pour une population de 35 millions d'habitants qui, en moyenne, en consomment au moins 60 millions de paires, c'est-à-dire pour 160,000 ouvriers cordonniers bottiers, pour un travail d'une année.

La lucidité que j'ai apporté, me fera, je l'espère, comprendre par mes confrères, car je me résume, chaque ouvrier gagnera, et cela n'est pas un leurre, de 1500 à 2000, fr., selon ses capacités, et en outre 563 fr. 16 c. de dividende au bout de son année ; nos produits n'étant pas des objets de luxe, nous ne pouvons craindre de ne pas débiter, surtout si, et cela dans nos intérêts, nous travaillons avec persévérance et naturellement comme étant patrons. Il reste une question grave à résoudre, c'est de trouver les fonds nécessaires pour commencer notre travail ; adressons-nous donc avec confiance à notre juste et bienveillant gouvernement, il écoutera la voix de 30,000 hommes qui ne demandent qu'un salaire honorable, et attendons patiemment une solution qui ne peut manquer de nous être favorable ; croyez-moi, les patrons eux-mêmes nous saurons gré de notre association ; il en est plus d'un qui ne gagne pas 2000 francs par an, somme suffisante pour nous, qui ne serons pas taxés d'ambitieux quand on saura que nous travaillons de 15 à 16 heures par jour. Puisse les patrons se joindre à nous pour adresser une pétition au gouvernement qu'ils nous offrent le matériel dont nous avons besoin, les marchandises qu'ils ont et qui leur seront intégralement remboursés ; par là nous éviterons toute espèce de conflit toujours déplorable. Montrons au gouverne-ment la pureté de nos intentions par l'offre que je vous propose :

Que nous nous engagions à travailler pour notre association de la manière suivante : nous ferons pendant deux mois en moyenne chacun 250 fr. d'ouvrage, ne prenons que notre nécessaire comme tous nos frères des ateliers nationaux, 2 fr. par jour, c'est-à-dire 120 fr. pour nos 2 mois, et nous aurons sacrifié à notre association chacun 130 fr., ce qui fait 130,000 fr. ; il ne nous manquera que la matière première et les premiers fonds remboursables par annuitées au gouvernement qui se déclarera responsable. Le mode de remboursement s'effectuera pour les matières premières par la vente, puis par une retenue de 10 centimes par jour sur chaque homme, jusqu'à ce que les marchandises deviennent notre propriété ; et pour les premiers fonds, aussi pas annuitées, sur une retenue sur le dividende de chaque associé soit les 63 fr. 16 c. qui couvriront en une seule fois l'emprunt contracté.

JULES LION.

Texte de la Pétition

aux Représentants du Peuple.

Citoyens représentants,

Une corporation nombreuse d'ouvriers méritant par sa position, je dirai presque exceptionnelle, par ses vissicitudes, tant de sympathies, vous adressent avec confiance un projet qui doit contribuer à leur assurer une existence plus uniforme. Les ouvriers cordonniers bottiers de toute la France attendent de vous tout leur espoir. C'est sous votre égide qu'ils se rangent ; leur profession , toute d'utilité pourtant , ne leur offre qu'une perspective de misère. Travaillant 15 et 16 heures par jour, leur salaire n'est en moyenne que de 2 à 3 fr…. le projet qu'ils vous soumettent renfermant une nouvelle base, ils vous supplient de les aider à le mettre en pratique, joignant à la présente et le projet et toutes les adhésions de la corporation.

Agréez, l'hommage de reconnaissance, etc.

Les adhésions seront reçues sur la présentation du présent, signé par chaque membre de la corporation, pour être joint à la pétition.

Je soussigné avoir pris connaissance du présent projet, et reconnais qu'il renferme les éléments les plus en rapport avec nos besoins.

Rue……..

Paris, le   mai 1848.

Nota. Nous engageons vivement nos confrères à ne pas négliger leurs intérêts.

Avis. Les adhésions ne seront reçues qu'en personne, ou affranchies.

Chez l'auteur, 7, rue Aubry-le-Boucher.